HIRAGANA
¡DESDE CERO!

George Trombley
Yukari Takenaka
Hugo Canedo

I0150742

Hiragana ¡Desde Cero!

Métodos probados para aprender hiragana con libro de ejercicios integrado.

Distribución

Distribuido en el Reino Unido y Europa por:
Bay Language Books Ltd.
Unit 4, Kingsmead, Park Farm,
Folkestone, Kent. CT19 5EU, Inglaterra
sales@baylanguagebooks.co.uk

Distribuido en Estados Unidos, Canada y
México por:
From Zero LLC.
1930 Village Center Cir #3-7559
Las Vegas, NV 89134, EUA
sales@fromzero.com

Prefacio

Japonés ¡Desde Cero! Es una serie de libros de japonés construida sobre gramática comprensible. Hiragana ¡Desde Cero! es un libro adicional a esta serie, para personas que están aprendiendo hiragana de forma independiente, o utilizarán libros que requieran aprender Hiragana antes de empezar.

Dedicatoria

Este libro está dedicado y hecho para:

Amantes de la cultura japonesa, aprendices del idioma japonés, personas que ven doramas y anime, principiantes de japonés, fans del JPOP, personas con ascendencia japonesa conectando con su historia y ¡cualquier persona que planeé viajar a Japón!

"Viví en Japón por nueve años y he estado casado con mi esposa japonesa, Yukari, por 20 años, cuando empezamos a escribir la serie de libros *Japonés ¡Desde Cero!*, fue debido a la frustración que nuestros estudiantes y nosotros, teníamos con los libros de japonés disponibles en el mercado. Yo sentía que eran muy rápidos, muy lentos, o muy complicados. El idioma japonés ha enriquecido mi vida en gran medida, y escribir estos libros fue una forma de expresar mi sincera apreciación a todo lo que Japón y el idioma japonés pueden ofrecer"
- George Trombley

Todos en el equipo de *Japonés ¡Desde Cero!* ¡Te deseamos éxito en tu camino hacia la fluidez en japonés, y esperamos que este libro sea un sólido primer paso!

Copyright

Hiragana ¡Desde Cero!
– CONTENIDO –

0

Lección 0:
Acerca de Este Libro

● 0-1. Acerca de los Autores

Por más de 20 años, George Trombley, trabajó como intérprete de Japonés. Interpretando para clientes japoneses en corporaciones como Microsoft, IBM, NTT, DoCoMo, Lucent y en países alrededor de América del Norte, Asia, Europa y el Medio Oriente.

En 1998, Trombley y su esposa, Yukari Takenaka, formaron una escuela de japonés en Las Vegas, Nevada. A través de los años, las clases en vivo formaron las bases para la serie de libros *Japonés ¡Desde Cero!*, y los cursos en la página web FromZero.com/es.

Hugo Hans Canedo Valdés es un políglota y traductor de nacionalidad mexicana, con experiencia internacional en educación en idiomas.

● 0-2. Escribe en este libro!

Este libro es la herramienta que te ayudará a que todo lo que aprendas ¡se te quede! Aprender japonés es trabajo duro, así que queremos que tu conocimiento dure para siempre. Los libros *¡Desde Cero!* están diseñados para ser libros de ejercicios interactivos, en donde puedes hacer notas personales, agregar nuevas palabras o frases por tu cuenta, y desarrollar tus habilidades de escritura desde el nivel ilegible (así empezamos todos) hasta el nivel experto.

Cada vez que escribes en este libro, estás haciendo tu conexión al idioma japones un poco más fuerte – ¡Te lo aseguramos!

Ganbatte kudasai!

George Trombley
Yukari Takenaka
Hugo Canedo

A
Lección A:
Guía de Pronunciación

A | ¿Por qué aprender Hiragana?

Es importante saber lo poderoso que será tu japonés si además de hablar, eres capaz de leer y escribir. Aprender a leer y escribir japonés le da a tu cerebro un turbo impulso en la comprensión del idioma.

Primero te presentaremos rápidamente los sistemas de escritura japonesa.

A | Sistemas de Escritura Japonesa

Hay tres sistemas de escritura japonesa:

- Hiragana (pronunciado "ji-rá-ga-na)
- Katakana (pronunciado "ka-tá-ka-na")
- Kanji (pronunciado "kán-chlli")

Los kanjis son caracteres chinos, cada uno tiene un significado específico. Muchos kanjis pueden tener múltiples significados y pueden ser leídos de diferentes maneras. Los sistemas hiragana y katakana son caracteres fonéticos (sonidos) derivados de los kanjis. Cada uno de estos caracteres representa un sonido y no tienen significado por sí solos.

Los tres sistemas se usan para escribir el japonés. El hiragana y el kanji se utilizan en conjunto para formar palabras propias del japonés. El katakana se utiliza mayormente para representar palabras de origen extranjero o cualquier palabra adoptada que no es originalmente japonesa.

En la vida cotidiana se utilizan estos tres sistemas en todo tipo de medios de comunicación, más un cuarto sistema llamado *romaji* (pronunciado ró-ma-chlli), que es una representación de los sonidos del japonés con letras del alfabeto romano, que son las que usamos en el español y que estás leyendo ahora mismo.

Antes de aprender hiragana, necesitarás saber cómo se representan los sonidos japoneses en el alfabeto romano. Esta lección te enseñará como se pronuncia el japonés. ¡Empecemos!

A | Pronunciación del Japonés

Cualquiera puede sonar grandioso al hablar japonés. El idioma español tiene miles de posibles combinaciones de sonidos, el japonés por su parte tiene muchísimas menos. Un poco más de 100 combinaciones de sonidos son todo lo necesario para hablar japonés.

● A-1. Vocales Normales

Las vocales en el español y el japonés utilizan EXACTAMENTE los mismos sonidos, la única diferencia, es que las vocales en japonés tienen un orden alfabético distinto.
El japonés ordena las vocales como a, i, u, e, o.

Ahora veamos algunos de los sonidos que componen el idioma japonés, observa que son sílabas y no letras individuales. Se pronuncian igual que en español.

ka, ki, ku, ke, ko	ma, mi, mu, me, mo
ba, bi, bu, be, bo	na, ni, nu, ne, no

● A-2. Romaji

El romaji es el sistema utilizado para representar los sonidos del idioma japonés con letras del abecedario romano (las que estas leyendo ahora mismo).

Aunque el romaji representa los sonidos del japonés usando las letras que usamos en el español, no sigue TODAS las mismas reglas de pronunciación. Hay algunas excepciones que debes tener en cuenta para que tu pronunciación en japonés sea excelente.
Si lo necesitas, vuelve a esta lección después para reforzar.

H en Romaji

La letra **h** en romaji nunca es muda, siempre se pronuncia como la "j" en español, pero de forma suave. (Igual que la "h" en inglés)

En romaji se escribe	Pronunciación	Ejemplo	Pronunciación
ha, hi, hu, he, ho	*ja, ji, ju, je, jo*	**hon** (libro)	*jon*

SH en Romaji

Las letras **sh** en romaji, producen el sonido que se usa al pronunciar palabras como "show" o "flash".

En romaji se escribe	Pronunciación	Ejemplo	Pronunciación
sha, shi, shu, sho	*sha, shi, shu, sho*	**shiro** (blanco)	*shiro*

R en Romaji
La **r** en romaji, es solo **ere**, se pronuncia de forma suave como en la palabra "pera".
El sonido de la **erre** no existe en japonés, ni siquiera al principio de una palabra.

En romaji se escribe	Pronunciación	Ejemplo	Pronunciación
ra, ri, ru, re, ro	ra, ri, ru, re, ro (ere)	**ringo** (manzana)	ringo (ere)

Y en Romaji
La letra **y** en romaji se pronuncia como la letra i en español.

En romaji se escribe	Pronunciación	Ejemplo	Pronunciación
ya, yu, yo	ia, iu, io	**yon** (cuatro)	ion

G en Romaji
La letra **g** en romaji siempre se pronuncia como en las palabras "gustar" y "golpe", sin importar que vocal le siga. (La 'g' del romaji nunca sonará como la 'j' del español).

En romaji se escribe	Pronunciación	Ejemplo	Pronunciación
ga, gi, gu, ge, go	ga, gui, gu, gue, go	**genkai** (limite)	guenkai

J en Romaji
La letra **j** en romaji se pronuncia articulando un sonido de 'ch' inicial seguido del sonido de la 'll' (doble ele). (Igual que la "j" en inglés).

En romaji se escribe	Pronunciación	Ejemplo	Pronunciación
ja, ji, ju, jo	chlla, chlli, chllu, chllo	**jitensha** (bicicleta)	chllitensha

Z en Romaji
La letra **z** en romaji se pronuncia haciendo un sonido vibratorio al pronunciar la letra "s", similar al zumbido de una abeja. (Igual que la 'z' en inglés).

En romaji se escribe	Pronunciación	Ejemplo	Pronunciación
za, zu, ze, zo	dtsa, dtsu, dtse, dtso	**zurui** (sigiloso)	dtsurui

● A-3. Vocales Dobles

En japonés es común encontrar palabras con vocales dobles, en las cuales los sonidos se alargan. Por ejemplo, en algunas palabras verás un sonido como KA seguido de una A, o NE seguido de E, etc., para alargar el sonido.

Algunos libros representan el sonido alargado con una línea recta sobre la vocal a alargar. Este método puede ayudar verbalmente, pero no es útil a la hora de aprender a leer y escribir japonés. En **Hiragana ¡Desde Cero!**, A, I, U, E y O, son añadidas al sonido a alargar, igual que los hiraganas son añadidos a las palabras cuando se escriben en japonés.

Observa los posibles sonidos de vocales largos.

ROMAJI	EJEMPLO
aa	ok**aa**san (madre)
ii	oj**ii**san (abuelo)
uu	k**uu**ki (aire)
ei, ee	on**ee**san (hermana mayor)
ou, oo	m**ou**fu (frazada)

PALABRAS EJEMPLO

kyoutsuu	común	otousan	padre
satou	azúcar	obaasan	abuela
heiwa	paz	sensou	guerra
yasashii	agradable	isogashii	ocupado

Las palabras escritas en katakana usan un "-" como "alargador" en lugar de una vocal repetida. Puedes aprender más acerca del katakana en *Katakana ¡Desde Cero!*.

ROMAJI	EJEMPLO
a-	ra-men (ramen)
i-	chi-zu (queso)
u-	oranu-tan (orangután)
e-	ke-ki (pastel)
o-	o-bun (horno)

● A-4. Sonidos Largos Versus Cortos

El significado de una palabra puede cambiar por el alargamiento de una sola sílaba.

EJEMPLOS

ie	casa
iie	no
obasan	tía
obaasan	abuela
ojisan	tío
ojiisan	abuelo

● A-5. Consonantes Dobles

Algunas palabras en japonés utilizan sonidos de consonantes dobles. Las consonantes dobles como 'kk', 'pp', 'tt' y 'cch' deben ser estresadas más que una consonante individual para dar el significado correcto de una palabra.

EJEMPLOS

roku	número seis
rokku	rock (género)
uta	canción
utta	vender (en tiempo pasado)
mata	otra vez
matta	esperar (en tiempo pasado)

Otra forma de pensar en el sonido que producen las consonantes dobles es colocar un acento imaginario en la vocal que antecede a una consonante doble.

EJEMPLOS

roku	número seis
rókku	rock (género)
uta	canción
útta	vender (en tiempo pasado)
mata	otra vez
mátta	esperar (en tiempo pasado)

Nota: Esta es solo una forma de ejemplificar el sonido, los acentos no existen en japonés.

1 Lección 1:
Hiragana あいうえお

1 Un Poco de Historia れきし

El Hiragana fue creado por un monje budista hace más de 1200 años (D.C. 774-835). En aquel tiempo, se creía que a las mujeres no debía permitírseles aprender los muy complejos kanjis. Después de que el hiragana les fuera introducido, las mujeres fueron capaces de expresarse de manera escrita. Es gracias al hiragana que las mujeres fueron autores de los primeros trabajos publicados en Japón.

Ejemplo de Caracteres del Hiragana

あかさたなはまやらわん

El Katakana fue creado utilizando porciones de kanjis, mientras que el hiragana, más redondeado, fue creado al simplificar kanjis. En japón, los niños aprenden primero el hiragana, después el katakana, y al final kanji. El hiragana, con solo 47 caracteres únicos puede representar todo el idioma japonés.

Ejemplos de Caracteres del Katakana

アカサタナハマヤラワン

El Kanji, por otro lado, consiste en más de 10,000 caracteres. En 1981 el Ministro de Educación Japonés anuncio la selección de 1,945 Kanjis, llamados "Joyou Kanji". Después de la publicación de esta lista, más kanjis han sido considerados como necesarios de aprender y han sido añadidos a la lista de los Joyou Kanjis. Hoy en día la lista consta de alrededor de 2136 Kanjis.

Ejemplos de Caracteres del Kanji

安加左太奈波末也良和毛

1 | La Meta ゴール

Cuando completes Hiragana ¡Desde Cero!, serás capaz de leer y escribir todos los símbolos que se muestran a continuación. Esta tabla se lee en el estilo tradicional japonés de arriba a abajo y de derecha a izquierda.

Lee de arriba a abajo y de derecha a izquierda ←

わ wa	ら ra	や ya	ま ma	ぱ pa	ば ba	は ha	な na	だ da	た ta	ざ za	さ sa	が ga	か ka	あ a
	り ri		み mi	ぴ pi	び bi	ひ hi	に ni	ぢ ji	ち chi	じ ji	し shi	ぎ gi	き ki	い i
を wo	る ru	ゆ yu	む mu	ぷ pu	ぶ bu	ふ fu	ぬ nu	づ zu	つ tsu	ず zu	す su	ぐ gu	く ku	う u
	れ re		め me	ぺ pe	べ be	へ he	ね ne	で de	て te	ぜ ze	せ se	げ ge	け ke	え e
ん n	ろ ro	よ yo	も mo	ぽ po	ぼ bo	ほ ho	の no	ど do	と to	ぞ zo	そ so	ご go	こ ko	お o

1 | Cómo Funciona Este Libro

Hiragana ¡Desde Cero! usa nuestro SISTEMA PROGRESIVO para enseñar hiragana. Conforme aprendas nuevos hiraganas, iremos reemplazando las letras romanas (romaji) con los hiraganas que hayas aprendido. Por ejemplo, en esta lección aprendemos あいうえお, desde ese punto en adelante, cualquier palabra que contenga esos hiraganas EXACTOS será escrita con ellos.

Español	Antes de esta lección	Después de esta lección	Hiragana completo
tú	anata	あnata	あなた
perro	inu	いnu	いぬ
casa	ie	いえ	いえ
madre	okaasan	おkaあsan	おかあさん

NOTA: Este libro nunca mostrará un hiragana de forma parcial (¡ningún libro lo haría!). Por ejemplo, el *ka* en "madre" nunca aparecerá como kあ porque el hiragana entero es か. (aprenderás か en la lección 2).

1 | Puntos de Escritura かく ポイント

● **1-1. ¿Qué es un trazo?**

Se le denomina trazo a cada segmento (líneas y curvas) que se forma en una sola interacción entre el lápiz (o cualquier otro instrumento de escritura) y el papel, sin levantar la mano.

● **1-2. ¿Por qué usar pinceles para escribir?**

Tradicionalmente, el japonés era escrito con pinceles. Este libro - y casi cualquier otro libro que enseña escritura japonesa - usa el estilo de escritura con pincel para los caracteres japoneses. El estilo de escritura con pincel representa de la mejor manera como deben escribirse los caracteres japoneses.

● **1-3. Diferentes tipos de trazos con pincel**

Hay tres diferentes tipos de trazos. Para el fácil entendimiento de estos, los hemos llamado, desvanecido, detenido y gancho desvanecido.
Ya sea que escribas con pincel, bolígrafo o lápiz, asegúrate de poner atención al tipo de trazo. Esto asegurará que tu caligrafía sea ordenada y apropiada.

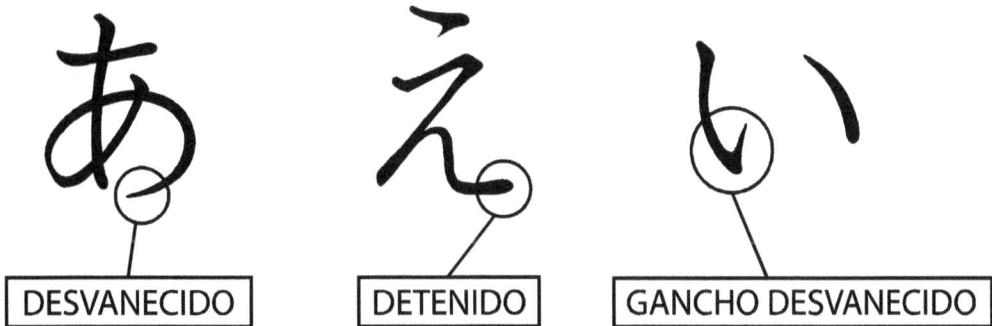

| DESVANECIDO | DETENIDO | GANCHO DESVANECIDO |

Si tu maestro es japonés, tal vez usará los nombres japoneses de los tipos de trazo:

- **Desvanecido – harai (harau)**
- **Detenido – tome (tomeru)**
- **Gancho desvanecido – hane (haneru)**

1 Hiraganas Nuevos あたらしい ひらがな

Los cinco primeros hiraganas a aprender son los siguientes. Nota los diferentes tipos de trazo. Asegúrate de aprender el orden correcto de los trazos y el tipo de trazo.

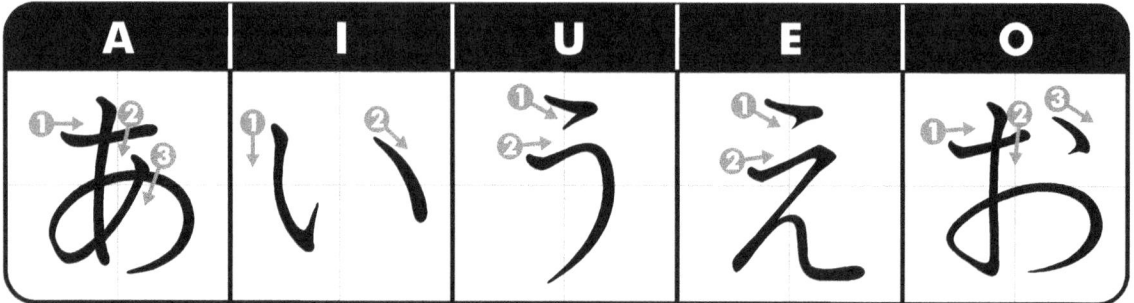

A	I	U	E	O
あ	い	う	え	お

1 Estilos Varios スタイル

Observa los posibles estilos que hay para los hiraganas de esta lección. Escribe cada símbolo lo más ordenado que puedas, después, compáralos con los diferentes estilos a continuación.

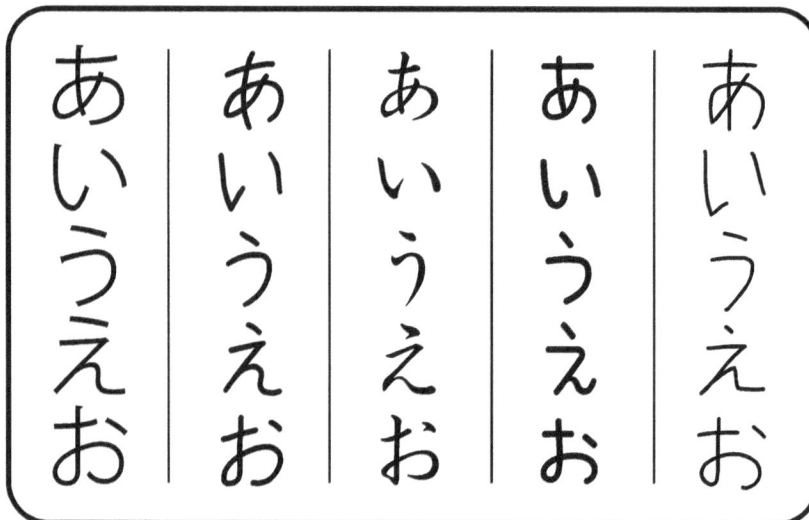

あいうえお
あいうえお
あいうえお
あいうえお
あいうえお

1 Puntos de Escritura かく ポイント

● **1-4. La importancia de los estilos variados.**

Es importante siempre estudiar diferentes estilos para cada caracter en la sección de **Estilos Varios** de cada lección, para saber qué está permitido hacer a la hora de escribir cada caracter. Recuerda que hay pequeñas diferencias en como luce un caracter escrito con pincel, a como luce uno escrito con bolígrafo o lápiz.

● **1-5. La diferencia entre あ (a) y お (o)**

Ten cuidado de no confundir あ con お, el segundo trazo de あ es curvo, mientras que el segundo trazo de お es recto de arriba abajo hasta volverse curvo.

Más curvo que お y separado de la curva.

②

Más recto que あ y conectado a la curva.

②

● **1-6. Escribiendo de izquierda a derecha y de arriba a abajo.**

Antes de la segunda guerra mundial, las publicaciones en japonés eran escritas con cada línea yendo de arriba hacia abajo como se muestra en el estilo 2 a continuación. En el japón moderno, ambos estilos son comunes. Muchas veces el estilo utilizado es únicamente una preferencia de diseño, y en algunos casos (como al escribir un correo electrónico) solo se puede usar el estilo 1. Muchos libros de escritura japonesa para niños usan el estilo 2. Aunque *Japonés ¡Desde Cero!* Utiliza solamente el estilo 1, ambos estilos son aceptables.

Estilo 1

昔々あるところに
子供のいない老夫婦が
住んでいました。

Estilo 2

昔々あるところに
子供のいない老夫婦が
住んでいました。

1 | Práctica de Escritura れんしゅう

Para practicar el orden correcto de los trazos, primero remarca sobre los caracteres en gris, después escribe seis veces cada caracter como ejercicio.

a	あ	あ					
i	い	い					
u	う	う					
e	え	え					
o	お	お					

1 | Palabras Que Puedes Escribir かける ことば

Escribe las siguientes palabras en cada recuadro usando los hiraganas que acabas de aprender. Esta es una gran forma de incrementar tu vocabulario japonés.

え (una pintura)

いい (bueno)

おい (sobrino)

あい (amor)

えい (pez raya)

いいえ (no)

おおい (muchos)

あう (conocer)

うえ (arriba)

いう (decir)

いえ (casa)

あお (azul)

1 | Palabras de Uso Diario en Hiragana にちじょうの ことば

あkachan
bebé

いnu
perro

うshi
vaca

kaえru
rana

おkoru
enojar

うchuう
espacio

1 | Práctica de Palabras ことばの れんしゅう

En la sección de Práctica de Palabras de este libro, rellenarás los hiraganas apropiados en las líneas de cada palabra. El romaji de abajo de la línea te dirá que hiragana debe ser escrito.

escribe aquí

_____npitsu   (lápiz)
  e

español

1. __ka__san (madre)
   o   a

2. __ __ (casa)
   i e

3. __to__san (padre)
     o   u

4. __ka__ (rojo)
     a   i

5. __mo__to (hermana menor)
     i   u

6. ka__ (comprar)
      u

7. __sagi (conejo)
     u

8. __npitsu (lápiz)
     e

9. __ne__san (hermana mayor)
     o   e

10. __moshiro__ (interesante)
      o   i

11. __su (silla)
      i

12. __kiru (despertar)
      o

1 | Une Los Puntos Hiragana ひらがな マッチング

Conecta los puntos entre cada hiragana y el romaji correcto.

お・   ・a
う・   ・o
え・   ・u
い・   ・e
あ・   ・i

1 | Clave de Respuestas こたえあわせ

Práctica de Palabras (clave)

1. おkaあsan
2. いえ
3. おtoうsan
4. あkaい
5. いmoうto
6. kaう
7. うsagi
8. えnpitsu
9. おneえsan
10. おmoshiroい
11. いsu
12. おkiru

Une los Puntos (clave)

1 | Hoja de Práctica de Hiragana れんしゅう

あ	あ						
い	い						
う	う						
え	え						
お	お						
あ	あ						
い	い						
う	う						
え	え						
お	お						

2 | Lección 2:
Hiragana かきくけこ

2 | Hiraganas Nuevos あたらしい ひらがな

Usar el orden correcto de los trazos significa caracteres más ordenados al escribir rápido.

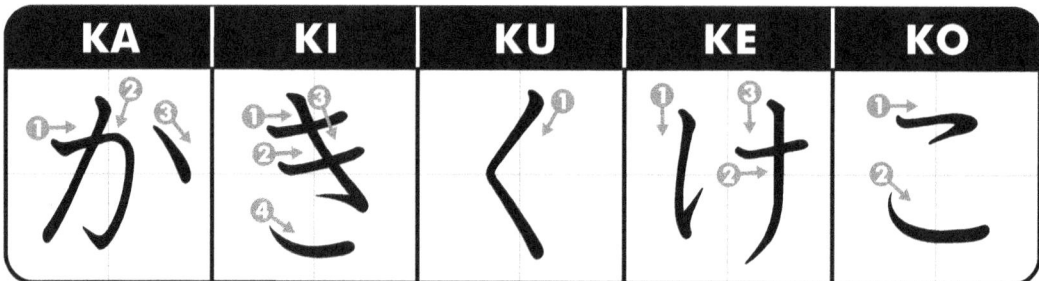

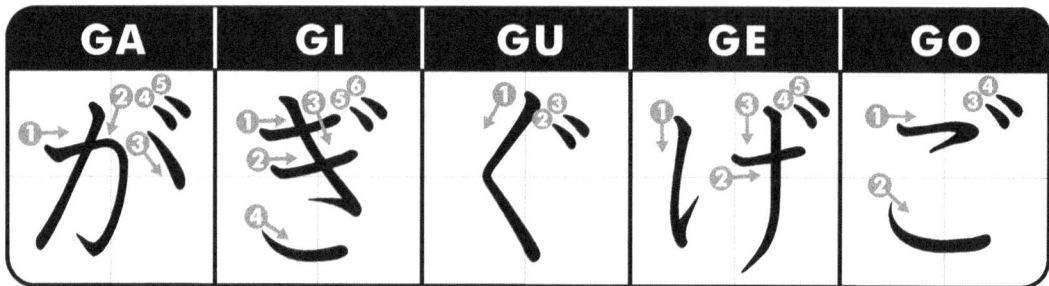

KA	KI	KU	KE	KO
か	き	く	け	こ

GA	GI	GU	GE	GO
が	ぎ	ぐ	げ	ご

2 | Estilos Varios スタイル

Observa los posibles estilos que hay para los hiraganas de esta lección. Escribe cada símbolo lo más ordenado que puedas, después, compáralos con los diferentes estilos a continuación.

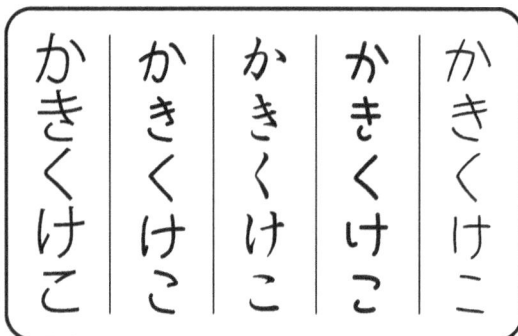

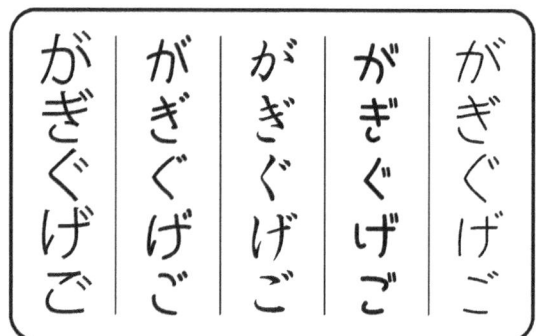

かきくけこ　かきくけこ　かきくけこ　かきくけこ　かきくけこ

がぎぐげご　がぎぐげご　がぎぐげご　がぎぐげご　がぎぐげご

2 Puntos de Escritura かく ポイント

● 2-1. El dakuten

La única diferencia entre **ka ki ku ke ko** y **ga gi gu ge go** son los dos pequeños trazos con forma de comillas en la esquina superior derecha. Esos trazos se llaman **dakuten**. Verás más de ellos en futuras lecciones.

● 2-2. Escribiendo が (ga) de forma correcta.

Al momento de agregar el **dakuten** al hiragana か (ka) para convertirlo en が (ga), asegúrate de que las líneas del *dakuten* sean más cortas que el tercer trazo. El tercer trazo de が siempre debe ser más largo que el *dakuten*.

が	✕	el dakuten es muy largo
が	✕	el 3er trazo es muy corto
が	✓	¡Correcto!

● 2-3. Las diferentes versiones de き (ki)

Tal vez notaste en la sección de Estilos Varios de esta lección que hay dos versiones de ki. Es tu elección que versión usar. Verás ambas versiones en Japón.

き
Esta versión tiene cuatro trazos, es muy común al escribir. Muchos japoneses escriben utilizando esta versión.

Esta versión tiene combinados el tercer y el cuarto trazo. Es muy común en materiales impresos como libros y revistas.
き

● 2-4. Espacios en japonés

El japonés normalmente no utiliza espacios. Cuando una oración está escrita utilizando los tres sistemas de escritura, es fácil identificar en donde empiezan y terminan las palabras gracias al kanji. Pero, debido a que estamos usando una mezcla de romaji y hiragana por ahora, usamos espacios para hacer las oraciones más fáciles de leer. Esta serie de libros irá poco a poco removiendo los espacios conforme aprendas más.

2	Práctica de Escritura れんしゅう

ka	か	か						
ki	き	き						
ku	く	く						
ke	け	け						
ko	こ	こ						

ga	が	が						
gi	ぎ	ぎ						
gu	ぐ	ぐ						
ge	げ	げ						
go	ご	ご						

2 Palabras Que Puedes Escribir かける ことば

Escribe las siguientes palabras en cada recuadro usando los hiraganas que acabas de aprender. Esta es una gran forma de incrementar tu vocabulario japonés.

き (árbol)

かく (escribir)

いか (calamar)

かぎ (llave)

かお (cara)

かい (concha)

あか (rojo)

ごご (tarde)

がいこく (el extranjero)

おおきい (grande)

くうこう (aeropuerto)

2 | Palabras de Uso Diario en Hiragana にちじょうの ことば

tsuき
luna

けいたいdenwa
celular

かぎ
llave

choきn baこ
alcancía

かく
escribir

suいか
sandía

2 | Práctica de Palabras ことばの れんしゅう

Escribe el hiragana correcto en las líneas de cada palabra.

1. __いro   (amarillo)
   ki

2. __ __   (escuchar)
   ki ku

3. __minari   (rayo)
   ka

4. __う__n   (fuerza aérea)
   ku gu

5. __ __   (moho)
   ko ke

6. い__   (ir)
   ku

7. __mushi   (oruga)
   ke

8. __う__う   (aeropuerto)
   ku ko

9. __nいro   (plateado)
   gi

10. __n'ni__   (músculo)
    ki   ku

11. __ __   (tarde)
    go go

12. __おri   (hielo)
    ko

2 | Une Los Puntos Hiragana ひらがな マッチング

Conecta los puntos entre cada hiragana y el romaji correcto.

き •	• i
い •	• go
く •	• ka
か •	• ki
え •	• ku
ご •	• ke
け •	• e

2 | Clave de Respuestas こたえ あわせ

Práctica de Palabras (clave)

1. きいro
2. きく
3. かみnari
4. くうぐn
5. こけ
6. いく
7. けmushi
8. くうこう
9. ぎnいro
10. きn'niく
11. ごご
12. こおri

Une los Puntos (clave)

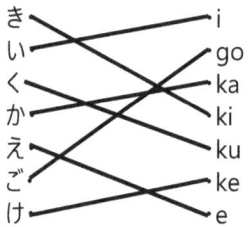

き ────── ka
い ────── ki
く ────── i
か ────── go
え ────── e
ご ────── ku
け ────── ke

2 | **Hoja de Práctica de Hiragana れんしゅう**

か	か						
き	き						
く	く						
け	け						
こ	こ						
が	が						
ぎ	ぎ						
ぐ	ぐ						
げ	げ						
ご	ご						

3 Lección 3:
Hiragana さしすせそ

3 | Hiraganas Nuevos あたらしい ひらがな

Usar el orden correcto de los trazos significará caracteres más ordenados al escribir rápido.

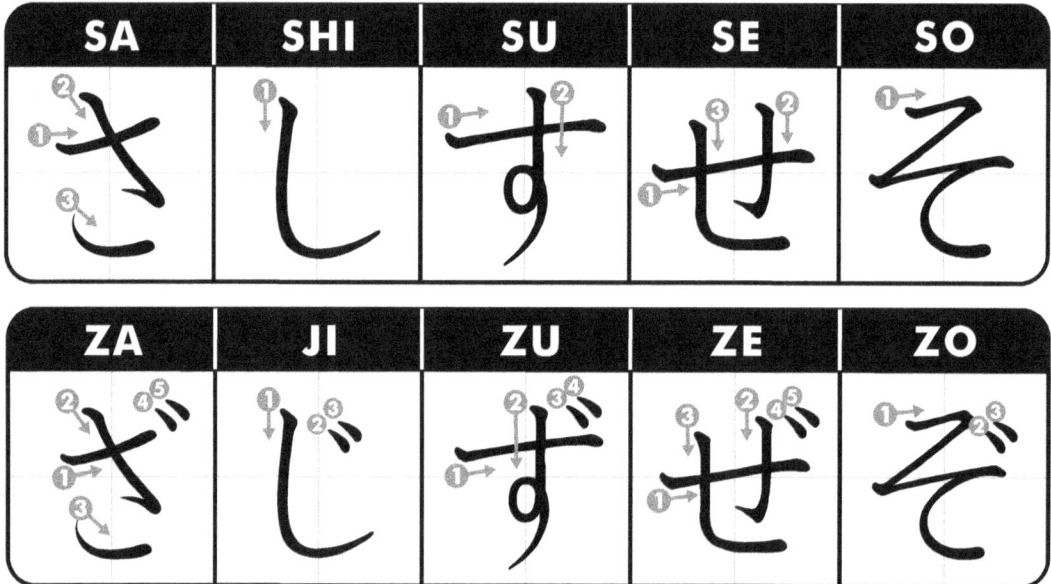

SA	SHI	SU	SE	SO
さ	し	す	せ	そ

ZA	JI	ZU	ZE	ZO
ざ	じ	ず	ぜ	ぞ

3 | Estilos Varios スタイル

Observa los posibles estilos que hay para los hiraganas de esta lección. Escribe cada símbolo lo más ordenado que puedas, después, compáralos con los diferentes estilos a continuación.

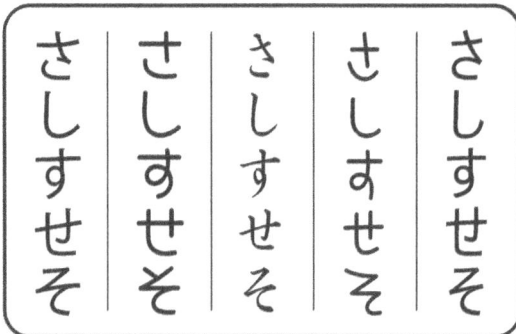

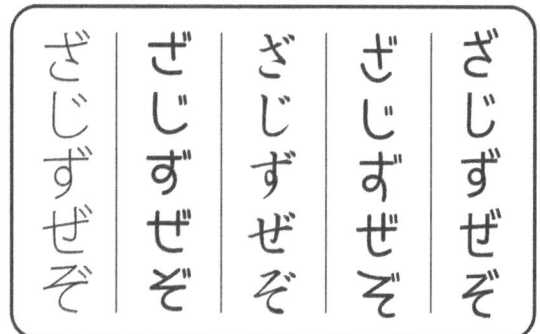

さしすせそ	さしすせそ	さしすせそ	さしすせそ	さしすせそ

ざじずぜぞ	ざじずぜぞ	ざじずぜぞ	ざじずぜぞ	ざじずぜぞ

3 | Puntos de Escritura かく ポイント

● 3-1. Las diferentes versiones de さ (sa) y そ (so)

Tal vez te diste cuenta en la sección de Estilos Varios de esta lección que hay varias versiones de *sa* y de *so*. Puedes escribir cualquier versión que quieras, siempre y cuando sea legible.

Diferentes versiones de さ (sa)	
さ	Esta versión tiene tres trazos y es muy común en escritura manuscrita. La mayoría de los japoneses usan esta versión al escribir.
さ	Esta versión tiene el segundo y tercer trazo combinados en un solo trazo, es muy común en texto impreso.

Diferentes versiones de そ (so)	
そ	Esta versión tiene dos trazos y es muy común en escritura manuscrita. Muchas personas japonesas escriben usando esta versión.
そ	Esta versión es similar a la versión de arriba, a excepción de que el primer y segundo trazo se tocan.
そ	Esta versión tiene solo un trazo y es muy común en texto impreso. También es aceptable para escribir a mano.

3 | Práctica de Escritura れんしゅう

sa	さ	さ					
shi	し	し					
su	す	す					
se	せ	せ					
so	そ	そ					

za	ざ	ざ					
ji	じ	じ					
zu	ず	ず					
ze	ぜ	ぜ					
zo	ぞ	ぞ					

3 | Palabras Que Puedes Escribir かける ことば

しか (venado)

すし (sushi)

すずしい (fresco)

おそい (lento/tarde)

あし (piernas/pies)

いす (silla)

すき (gustar)

すうじ (número)

すいか (sandía)

せかい (mundo)

かず (números)

うし (vaca)

3 Palabras de Uso Diario en Hiragana にちじょうの ことば

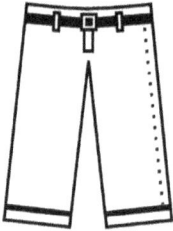

ず bon
pantalones

しnbun
periódico

tsu くえ
escritorio

さmuい
frío

wa くせい
planeta

すし
sushi

3 | Práctica de Palabras ことばの れんしゅう

Escribe el hiragana correcto en las líneas de cada palabra.

1. mura___き (morado)
   sa

2. ___ ___ (apuntar)
   sa su

3. ___ ro (blanco)
   shi

4. ___tsugyoう (graduación)
   so

5. ___ ___ (sushi)
   su shi

6. ___ かn (tiempo)
   ji

7. ___ ru (mono)
   sa

8. お___い___n (abuelo)
   ji   sa

9. あ___ (sudor)
   se

10. あn___n (seguridad)
    ze

11. ___ う (elefante)
    zo

12. げn ___ い (actualmente)
    za

3 | Une Los Puntos Hiragana ひらがな マッチング

Conecta los puntos entre cada hiragana y el romaji correcto.

す・	・za
し・	・su
え・	・ku
こ・	・shi
ざ・	・i
あ・	・e
く・	・ko
い・	・a

3 | Clave de Respuestas こたえ あわせ

Práctica de Palabras (clave)

1. muraさき
2. さす
3. しro
4. そtsugyoう
5. すし
6. じかn
7. さru
8. おじいさn
9. あせ
10. あnぜn
11. ぞう
12. げnざい

Une los Puntos (clave)

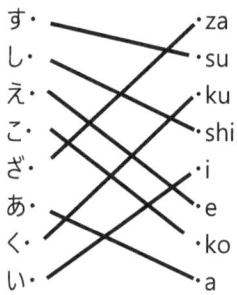

す・ ・za
し・ ・su
え・ ・ku
こ・ ・shi
ざ・ ・i
あ・ ・e
く・ ・ko
い・ ・a

3 | Hoja de Práctica de Hiragana れんしゅう

さ	さ						
し	し						
す	す						
せ	せ						
そ	そ						
ぜ	ぜ						
じ	じ						
ず	ず						
ぜ	ぜ						
ぞ	ぞ						

4 Lección 4:
たちつてと & だじずでど

4 | Hiraganas Nuevos あたらしい ひらがな

Usar el orden correcto de los trazos significará caracteres más ordenados al escribir rápido.

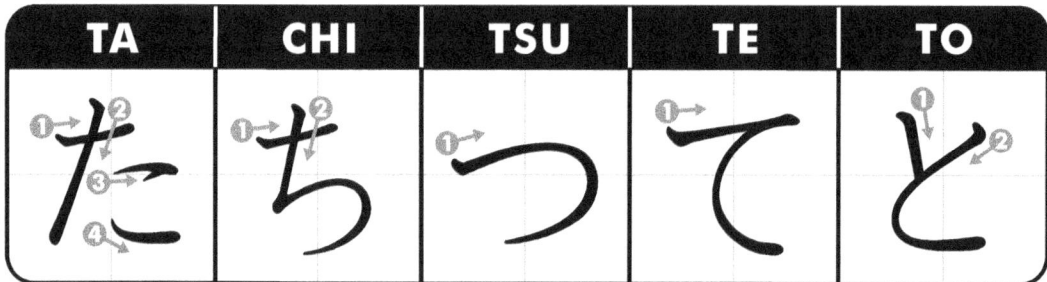

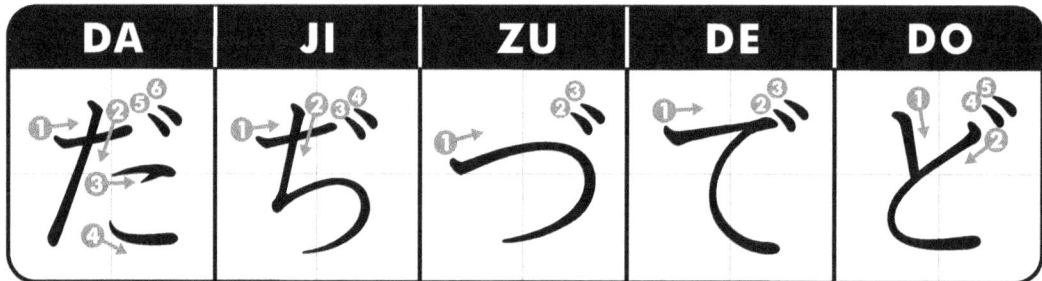

TA	CHI	TSU	TE	TO
た	ち	つ	て	と

DA	JI	ZU	DE	DO
だ	ぢ	づ	で	ど

4 | Estilos Varios スタイル

Observa los posibles estilos que hay para los hiraganas de esta lección. Escribe cada símbolo lo más ordenado que puedas, después, compáralos con los diferentes estilos a continuación.

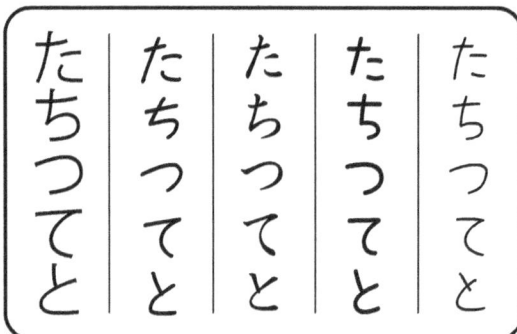

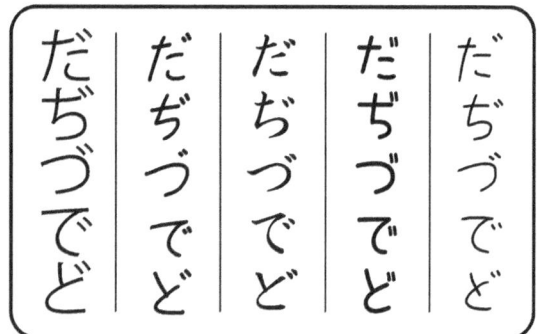

たちつてと	たちつてと	たちつてと	たちつてと	たちつてと

だぢづでど	だぢづでど	だぢづでど	だぢづでど	だぢづでど

4 | Puntos de Escritura かく ポイント

● 4-1. Las Consonantes Dobles

Las consonantes dobles (kk, pp, tt, cch) se estresan haciendo una ligera pausa antes de la consonante. Para representarlas en hiragana se utiliza un pequeño つ.*El つ pequeño siempre se coloca frente al hiragana que necesita ser duplicado.

EJEMPLOS

Escuela	gakkou	がっこう
Revista	zasshi	ざっし
Estampilla Postal	kitte	きって

* Asegúrate de escribir el つ más pequeño, para evitar confusiones con un つ normal.

● 4-2. Análisis del sonido de las dobles consonantes

Si observas la onda Sonora de una palabra con una doble consonante, notarás una pausa o un espacio visible antes de la consonante. Observa los siguientes ejemplos.

が
ga

っこう
kkou

ざ
za

っし
sshi

(sin sonido)

(la 's' es sostenida)

● 4-3. ¿Qué versión de *zu* y *ji* debe ser usada?

Hay dos versiones de *zu* y *ji*. El primer par lo enseñamos en la Lección 3 y el segundo par se enseña en esta lección. ず y じ de la Lección 3 son las versiones más comúnmente utilizadas. づ y ぢ son usadas sólo en algunas palabras, como en **はnaぢ** (hemorragia nasal), **ちぢmu** (encoger), y つづく (continuar).

Conforme aprendas más vocabulario, pon atención al hiragana utilizado cuando veas estos dos sonidos. Si no estás seguro de qué versión usar, prueba con ず y じ y el 90% de las veces estarás en lo correcto.

4 | **Puntos de Escritura かく ポイント**

ta	た	た						
chi	ち	ち						
tsu	つ	つ						
te	て	て						
to	と	と						

da	だ	だ						
ji	ぢ	ぢ						
zu	づ	づ						
de	で	で						
do	ど	ど						

4 | Palabras Que Puedes Escribir かける ことば

ただ (gratis)

つぎ (siguiente)

ちず (mapa)

かど (esquina)

ちち (papá)

たつ (parar)

ざっし (revista)

きって (estampilla)

あつい (caliente)

たいいく (educación física)

とおい (lejos)

4 | Palabras de Uso Diario en Hiragana にちじょうの ことば

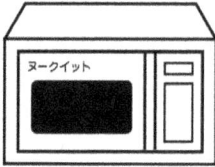

でnしrenji
microondas

honだna
librero

fuうとう
sobre

て
mano

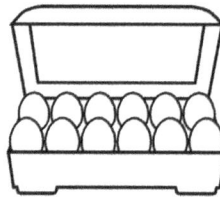

たまご
huevos

くつした
calcetines

4 | Práctica de Palabras ことばの れんしゅう

Escribe el hiragana correcto en las líneas de cada palabra.

1. wa＿＿し (yo)
       ta

2. ＿＿ ＿＿ (gratis, sin cargo)
   ta da

3. ＿＿ ＿＿ (estar levantado)
   ta tsu

4. ＿＿ ＿＿ぜn (súbitamente)
   to tsu

5. ＿＿ ＿＿mu (encoger)
   chi ji

6. ＿＿ ＿＿ ＿＿う (ayudar)
   te tsu da

7. い＿＿い (doloroso)
      ta

8. お＿＿うさn (padre)
      to

9. hana＿＿ (hemorragia nasal)
         ji

10. いき＿＿mari (callejón sin salida)
           do

11. ＿＿nwa (teléfono)
    de

12. ＿＿く (llegar)
    tsu

4 | Une Los Puntos Hiragana ひらがな マッチング

Conecta los puntos entre cada hiragana y el romaji correcto.

て・	・tsu
つ・	・da
さ・	・chi
ち・	・te
す・	・u
ぢ・	・ji
う・	・sa
だ・	・su

4 | Clave de Respuestas こたえ あわせ

Práctica de Palabras (clave)

1. waたし
2. ただ
3. たつ
4. とつぜn
5. ちぢmu
6. てつだう
7. いたい
8. おとうさn
9. hanaぢ
10. いきどmari
11. でnwa
12. とどく

Une los Puntos (clave)

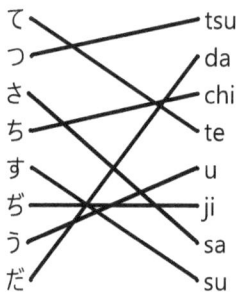

て — te
つ — tsu
さ — sa
ち — chi
す — su
ぢ — ji
う — u
だ — da

4 │ Hoja de Práctica de Hiragana れんしゅう

た	た						
ち	ち						
つ	つ						
て	て						
と	と						
だ	だ						
ぢ	ぢ						
づ	づ						
で	で						
ど	ど						

5 Lección 5: Hiragana なにぬねの

5 | Hiraganas Nuevos あたらしい ひらがな

Usar el orden correcto de los trazos significará caracteres más ordenados al escribir rápido.

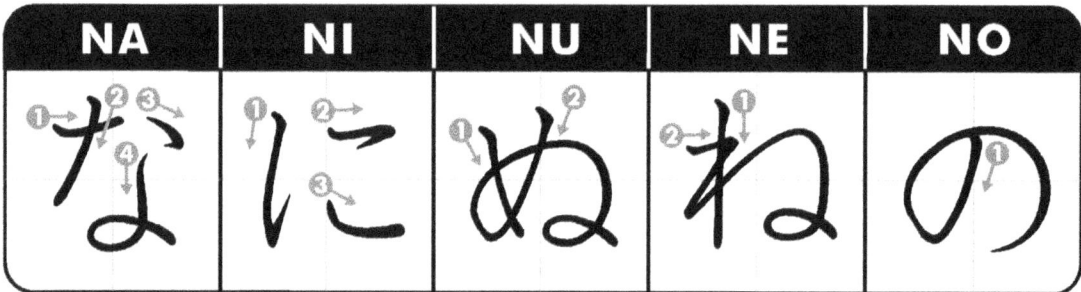

NA	NI	NU	NE	NO
な	に	ぬ	ね	の

5 | Estilos Varios スタイル

Observa los posibles estilos que hay para los hiraganas de esta lección. Escribe cada símbolo lo más ordenado que puedas, después, compáralos con los diferentes estilos a continuación.

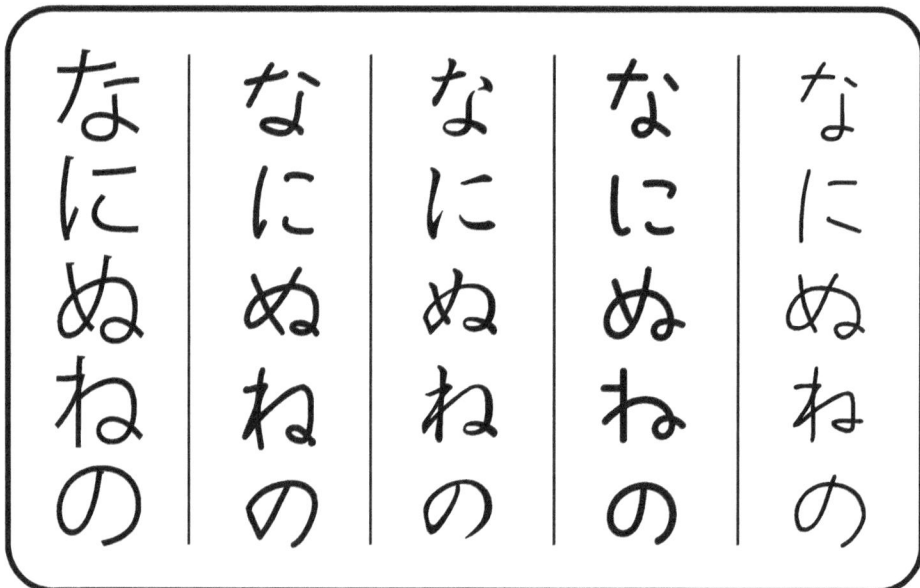

な に ぬ ね の	な に ぬ ね の	な に ぬ ね の	な に ぬ ね の	な に ぬ ね の

5 | Práctica de Escritura れんしゅう

na	な	な						
ni	に	に						
nu	ぬ	ぬ						
ne	ね	ね						
no	と	と						

5 | Palabras de Uso Diario en Hiragana にちじょうの ことば

いぬ
perro

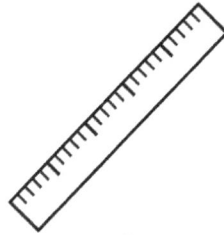

ながい
largo

にwaとri
pollo

のru
montar (vehículos)

ぬru
pintar

ねこ
gato

5 | Palabras Que Puedes Escribir かける ことば

なに (qué)

ねこ (gato)

なな (siete)

にし (oeste)

なつ (verano)

あなた (tú)

ねつ (verano)

いぬ (perro)

のど (garganta)

かに (cangrejo)

にっき (diario)

にく (carne)

にじ (arcoíris)

5 | Práctica de Palabras ことばの れんしゅう

Escribe el hiragana correcto en las líneas de cada palabra.

1. __つ (verano)
   na

2. __hon (Japón)
   ni

3. __こ (gato)
   ne

4. yo__か (en medio de la noche)
   na

5. __ mu (tomar)
   no

6. __ru (dormir)
   ne

7. __ __ (¿Qué?)
   na ni

8. __いぐrumi (peluche)
   nu

9. __ がい (amargo)
   ni

10. お__えさn (hermana mayor)
    ne

11. __ぐ (quitarse la ropa)
    nu

12. __ru (montar)
    no

5 | Une Los Puntos Hiragana ひらがな マッチング

Conecta los puntos entre cada hiragana y el romaji correcto.

な ・	・ no
の ・	・ ni
か ・	・ ta
す ・	・ na
ぬ ・	・ ka
ね ・	・ nu
に ・	・ ne
た ・	・ su

5 Clave de Respuestas こたえ あわせ

Práctica de Palabras (clave)

1. なつ
2. にhon
3. ねこ
4. yoなか
5. のmu
6. ねru
7. なに
8. ぬいぐrumi
9. にがい
10. おねえさn
11. ぬぐ
12. のru

Une los Puntos (clave)

```
な        no
の        ni
か        ta
す        na
ぬ        ka
ね        nu
に        ne
た        su
```

5 | **Hoja de Práctica de Hiragana れんしゅう**

な	な						
に	に						
ぬ	ぬ						
ね	ね						
の	の						
な	な						
に	に						
ぬ	ぬ						
ね	ね						
の	の						

6 Lección 6: Hiragana はひふへほ

6 | Hiraganas Nuevos あたらしい ひらがな

Usar el orden correcto de los trazos significará caracteres más ordenados al escribir rápido.

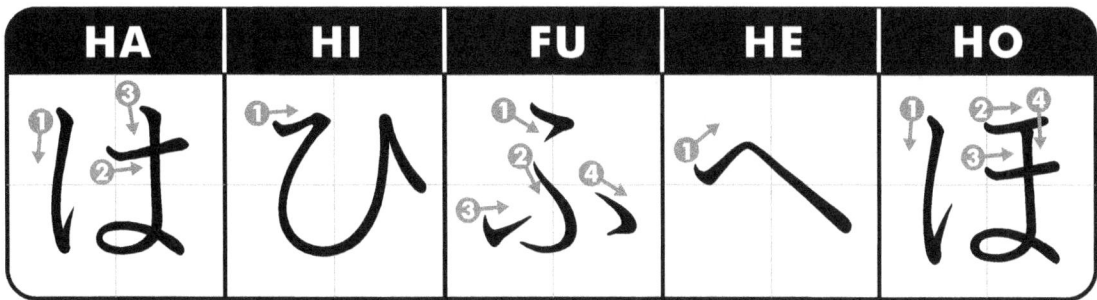

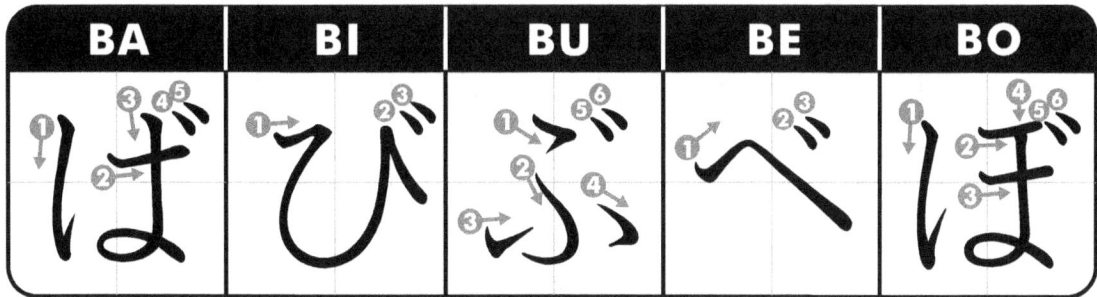

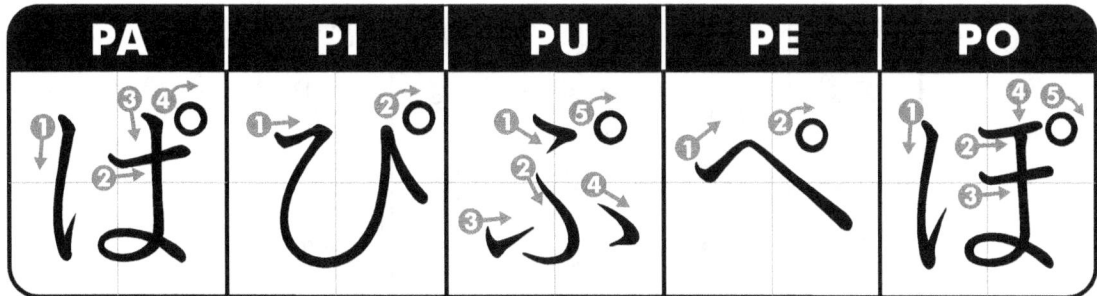

HA	HI	FU	HE	HO
は	ひ	ふ	へ	ほ

BA	BI	BU	BE	BO
ば	び	ぶ	べ	ぼ

PA	PI	PU	PE	PO
ぱ	ぴ	ぷ	ぺ	ぽ

6 | Estilos Varios スタイル

Observa los posibles estilos que hay para los hiraganas de esta lección. Escribe cada símbolo lo más ordenado que puedas, después, compáralos con los diferentes estilos a continuación.

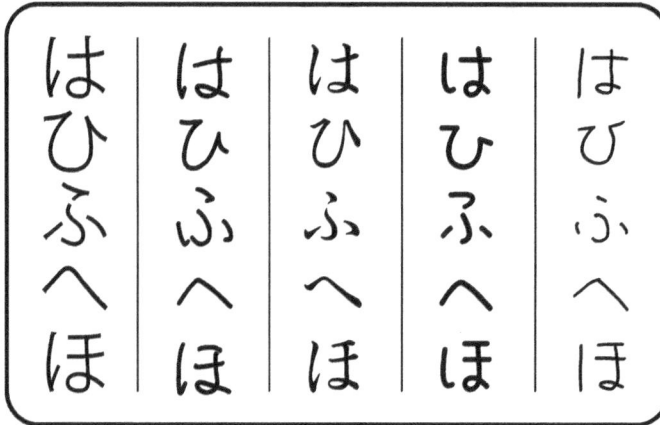

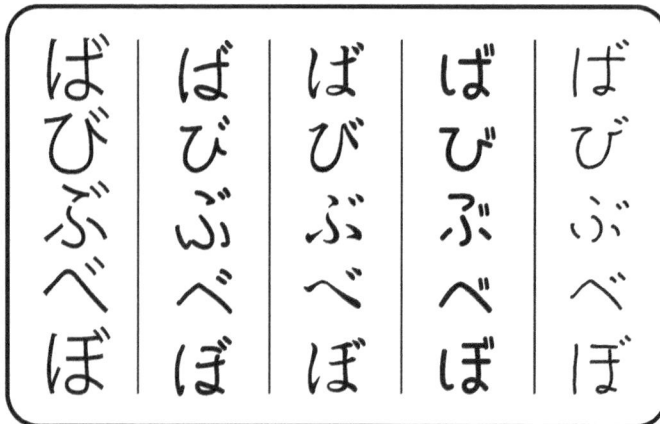

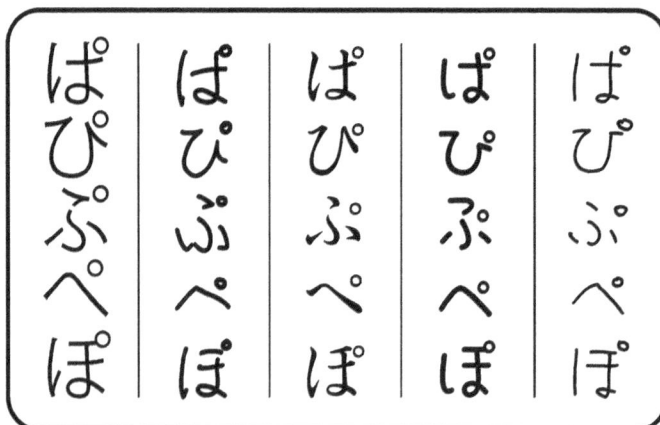

は	は	は	は	は
ひ	ひ	ひ	ひ	ひ
ふ	ふ	ふ	ふ	ふ
へ	へ	へ	へ	へ
ほ	ほ	ほ	ほ	ほ

ば	ば	ば	ば	ば
び	び	び	び	び
ぶ	ぶ	ぶ	ぶ	ぶ
べ	べ	べ	べ	べ
ぼ	ぼ	ぼ	ぼ	ぼ

ぱ	ぱ	ぱ	ぱ	ぱ
ぴ	ぴ	ぴ	ぴ	ぴ
ぷ	ぷ	ぷ	ぷ	ぷ
ぺ	ぺ	ぺ	ぺ	ぺ
ぽ	ぽ	ぽ	ぽ	ぽ

6 Puntos de Escritura かく ポイント

● 6-1. ¿Qué es ese círculo?

Los hiraganas *pa pi pu pe po* se hacen agregando un círculo en el área en donde normalmente iría el *dakuten*. El círculo debe ser escrito en el sentido de las manecillas del reloj y siempre debe ser el último trazo. La mayoría de los japoneses se refieren a él como *maru* que significa "círculo". Su nombre oficial es *handakuten*.

は→ぱ
HA   PA

ひ→ぴ
HI   PI

● 6-2. ¿Por qué ふ no se escribe *HU*?

Japonés ¡Desde Cero! Representa ふ como *FU* en lugar de *HU* en romaji.
Las personas japonesas algunas veces representarán ふ como *HU* en romaji, sin embargo, la pronunciación de ふ es más cercana a *FU*. El sonido de la F en ふ debe pronunciarse de una forma un poco más ligera que el sonido de una F en español.

● 6-3. La forma sencilla de escribir ふ (fu)

ふ tiende a ser difícil de escribir, pero hay una forma sencilla: conecta los primeros dos trazos a lo que se asemeja a un número "3".

ふ   ふ ふ ふ

la versión del 3   Versiones de Fuentes Reales

6 | **Práctica de Escritura れんしゅう**

ha	は	は					
hi	ひ	ひ					
hu	ふ	ふ					
he	へ	へ					
ho	ほ	ほ					

ba	ば	ば					
bi	び	び					
bu	ぶ	ぶ					
be	べ	べ					
bo	ぼ	ぼ					

pa	ぱ	ぱ						
pi	ぴ	ぴ						
pu	ぷ	ぷ						
pe	ぺ	ぺ						
po	ぽ	ぽ						

6 Usos Especiales とくべつな つかいかた

● 6-4. El marcador de tema は (wa)

Un marcador de tema en japonés identifica el sujeto de una oración. El marcador de tema "wa" se escribe usando el caracter は (ha) y nunca puede escribirse usando el caracter わ (wa), En todas las otras situaciones, は (ha) siempre es leído como "ha".

> **ORACIONES EJEMPLO**
> 1. あなたは (wa) だre ですか。   ¿Quién eres tú?
> 2. Bananaは (wa) きいro です。   Los plátanos son amarillos.

● 6-5. El marcador de dirección へ (e)

El marcador de dirección "e" se escribe usando el caracter へ (he) y nunca puede escribirse usando el caracter え (e). En cualquier otra situación, へ (he) siempre es leído como "he".

NOTA: Este punto de gramática es cubierto en *Japonés ¡Desde Cero! 1*.

> **ORACIONES EJEMPLO**
> 1. がっこうへ (e) いきmaす。   Voy hacia la escuela.
> 2. とうkyoうへ (e) いきmaす。   Voy hacia Tokio.

6 | Palabras Que Puedes Escribir かける ことば

はし (palillos chinos)

はと (paloma)

へそ (ombligo)

ひと (gente)

しっぽ (cola)

とうふ (tofu)

はっぱ (hoja)

ほっぺ (cachetes)

ぼうし (sombrero)

きっぷ (boleto)

はなび (fuegos)

6 Palabras de Uso Diario en Hiragana にちじょうの ことば

ひsho
secretaria

ふくroう
búho

おばけ
monstruo

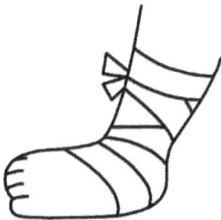

ほうたい
venda

はしru
correr

てっぽう
pistola

6 | Práctica de Palabras ことばの れんしゅう

Escribe el hiragana correcto en las líneas de cada palabra.

1. __ ru   (primavera)
   <u>ha</u>

2. __ ruご__ n   (almuerzo)
   <u>hi</u>   <u>ha</u>

3. __ yu   (invierno)
   <u>fu</u>

4. __ いwa   (paz)
   <u>he</u>

5. え__ n   (libro de imágenes)
   <u>ho</u>

6. がn__ ru   (dar lo mejor)
   <u>ba</u>

7. __ な __   (fuegos artificiales)
   <u>ha</u>   <u>bi</u>

8. かmi__ くro   (bolsa de papel)
   <u>fu</u>

9. __ とme__ re   (amor a primera vista)
   <u>hi</u>   <u>bo</u>

10. くra__ ru   (comparar)
    <u>be</u>

11. __ __ な   (chispa)
    <u>hi</u> <u>ba</u>

12. えn__ つ   (lápiz)
    <u>pi</u>

6 | Une Los Puntos Hiragana ひらがな マッチング

Conecta los puntos entre cada hiragana y el romaji correcto.

ふ ·	· pi
ぺ ·	· pe
ぜ ·	· bo
ぼ ·	· gi
は ·	· fu
た ·	· ze
ぴ ·	· ta
ぎ ·	· ha

6 | Clave de Respuestas こたえ あわせ

Práctica de Palabras (clave)

1. はru
2. ひruごはn
3. ふyu
4. へいwa
5. えほn
6. がnばru
7. はなび
8. かmiぶくro
9. ひとmeばre
10. くraべru
11. ひばな
12. えnぴつ

Une los Puntos (clave)

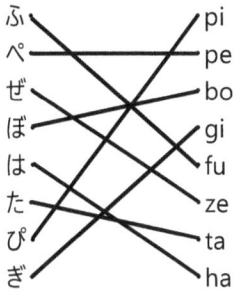

ふ — fu
ぺ — pe
ぜ — ze
ぼ — bo
は — ha
た — ta
ぴ — pi
ぎ — gi

6 | Hoja de Práctica de Hiragana れんしゅう

は	は						
ひ	ひ						
ふ	ふ						
へ	へ						
ほ	ほ						
ば	ば						
び	び						
ぶ	ぶ						
べ	べ						
ぼ	ぼ						

ぱ	ぱ						
ぴ	ぴ						
ぶ	ぶ						
ぺ	ぺ						
ぽ	ぽ						

7 Lección 7:
Hiragana まみむめも

7 | Hiraganas Nuevos あたらしい ひらがな

Usar el orden correcto de los trazos significará caracteres más ordenados al escribir rápido.

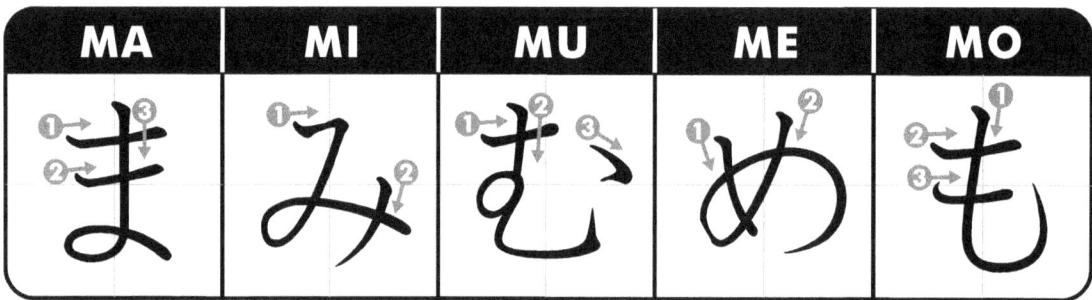

MA	MI	MU	ME	MO
ま	み	む	め	も

7 | Estilos Varios スタイル

Observa los posibles estilos que hay para los hiraganas de esta lección. Escribe cada símbolo lo más ordenado que puedas, después, compáralos con los diferentes estilos a continuación.

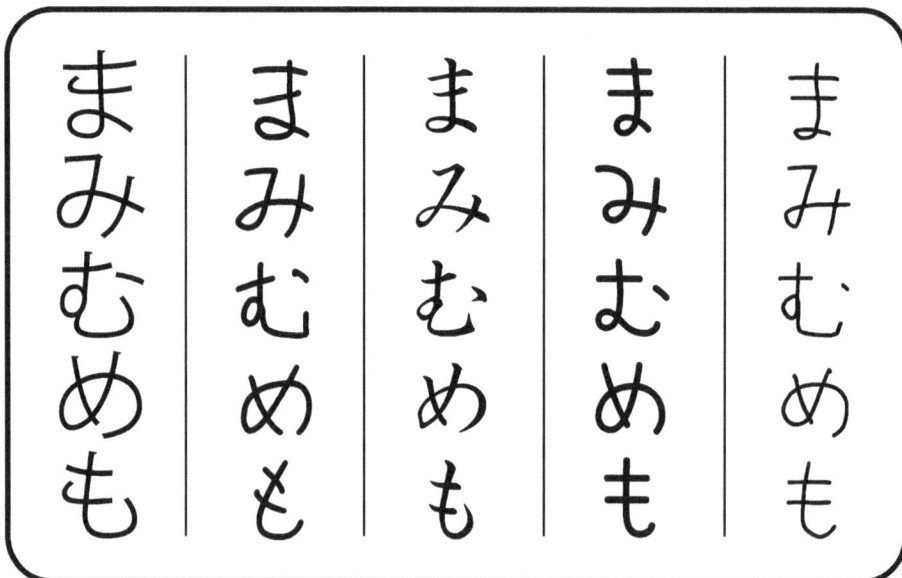

まみむめも
まみむめも
まみむめも
まみむめも
まみむめも

7 | Práctica de Escritura れんしゅう

ma	ま	ま						
mi	み	み						
mu	む	む						
me	め	め						
mo	も	も						

7 | Palabras de Uso Diario en Hiragana にちじょうの ことば

yoむ
leer

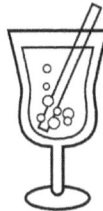
のみもの
bebida

しつもn
pregunta

なみだ
lágrimas

うま
caballo

あめ
dulce

7 | Palabras Que Puedes Escribir かける ことば

まど (ventana)

もも (durazno)

むし (insecto)

かみ (papel)

だめ (no, no es bueno)

みせ (tienda)

あたま (cabeza)

まじめ (serio)

さしみ (sashimi)

むすこ (hijo)

むすめ (hija)

ものさし (regla de medir)

みじかい (corto)

7 | Práctica de Palabras ことばの れんしゅう

Escribe el hiragana correcto en las líneas de cada palabra.

1. __ri (bosque)
    mo

2. __ __じ (hoja de maple)
    mo mi

3. __ri (imposible)
    mu

4. __だつ (sobresalir)
    me

5. __ru (ver)
    mi

6. __がね (lentes; gafas)
    me

7. たべ__の (comida)
    mo

8. __ __ru (proteger)
    ma mo

9. の__ __の (bebida)
    mi mo

10. __しあつい (húmedo)
    mu

11. __ほう (magia)
    ma

12. __ __ず (gusano de tierra)
    mi mi

7 | Une Los Puntos Hiragana ひらがな マッチング

Conecta los puntos entre cada hiragana y el romaji correcto.

に・   ・mu
む・   ・mi
も・   ・nu
ぬ・   ・ni
み・   ・o
ま・   ・mo
お・   ・me
め・   ・ma

7 | Clave de Respuestas こたえ あわせ

Práctica de Palabras (clave)

1. メーru アドreス
2. メイク
3. モーター
4. マnガ
5. ハムサnド
6. ミサイru
7. マットreス
8. ナトriウmu
9. アruミ
10. マナーモード
11. モーru
12. メnバー

Une los Puntos (clave)

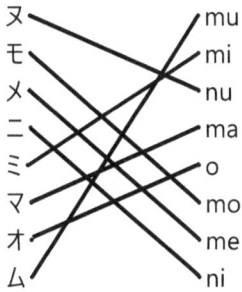

ヌ	mu
モ	mi
メ	nu
ニ	ma
ミ	o
マ	mo
オ	me
ム	ni

7 | Hoja de Práctica de Hiragana れんしゅう

ま	ま						
み	み						
む	む						
め	め						
も	も						
ま	ま						
み	み						
む	む						
め	め						
も	も						

8 Lección 8:
Hiragana やゆよわをん

8 | Hiraganas Nuevos あたらしい ひらがな

Asegúrate de aprender el orden correcto de los trazos.

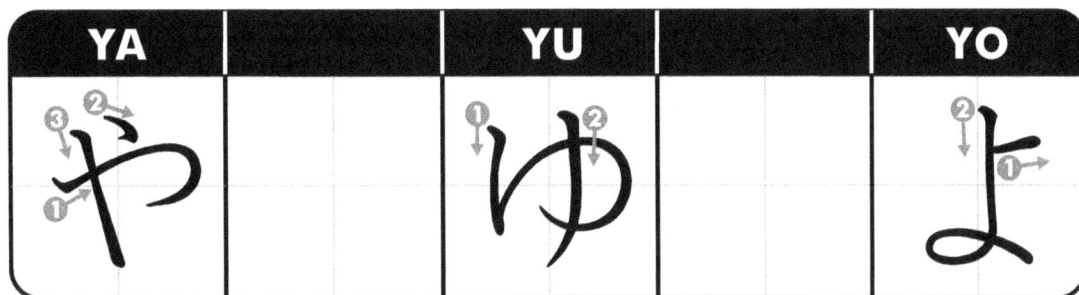

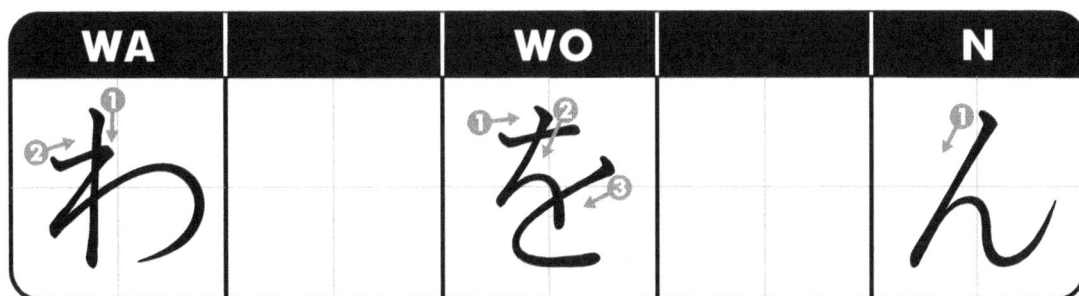

YA		YU		YO
や		ゆ		よ

WA		WO		N
わ		を		ん

8 | Estilos Varios スタイル

Observa los posibles estilos que hay para los hiraganas de esta lección. Escribe cada símbolo lo más ordenado que puedas, después, compáralos con los diferentes estilos a continuación.

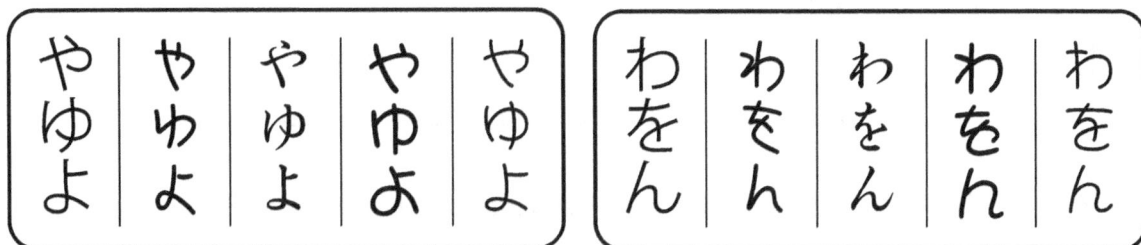

や	や	や	や	や
ゆ	ゆ	ゆ	ゆ	ゆ
よ	よ	よ	よ	よ

わ	わ	わ	わ	わ
を	を	を	を	を
ん	ん	ん	ん	ん

8 | Práctica de Escritura れんしゅう

Remarca sobre los caracteres en gris, después escribe seis veces cada carácter como ejercicio.

ya	や	や						
yu	ゆ	ゆ						
yo	よ	よ						
wa	わ	わ						
wo	を	を						
n	ん	ん						

8 | Usos Especiales とくべつな つかいかた

● 8-1. La Partícula を (wo)

El hiragana を se usa solamente como una partícula (marcador de objeto). Nunca se utiliza con ningún otro propósito. Aunque "wo" normalmente se pronuncia como "o", no se puede utilizar el hiragana お (o) para reemplazar a を a la hora de escribir, aunque su sonido sea casi igual.

ORACIONES EJEMPLO

1. てがみを (wo) かきます。　　　Voy a escribir una carta.
2. えんぴつを (wo) ください。　　Dame un lápiz, por favor.

Nota: Este punto de gramática es cubierto en *Japonés ¡Desde Cero! 1.*

8 | Palabras Que Puedes Escribir かける ことば

わに (lagarto)

やに (azotea)

ゆび (anillo)

ゆうべ (anoche)

わかめ (alga)

こんや (esta noche)

かんたん (fácil)

うわさ (rumor)

ゆびわ (anillo)

8 | Palabras de Uso Diario en Hiragana にちじょうの ことば

たいよう
sol

うわぎ
chamarra

ゆかた
yukata

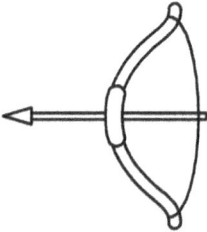

ゆみや
arco y flecha

かわかす
secar

じてんsha
bicicleta

8 | Práctica de Palabras ことばの れんしゅう

Escribe el hiragana correcto en las líneas de cada palabra.

1. ___raう (reír)
   wa

2. だいこ___ (rábano)
   n

3. みず___のむ (tomar agua)
   wo

4. ___ruい (malo)
   wa

5. ___たし (yo)
   wa

6. ほ___ ___かう (comprar un libro)
   n wo

7. こ___ ___ (esta noche)
   n ya

8. ___すreru (olvidar)
   wa

9. えいが ___みru (ver una película)
   wo

10. き___ぞく (metal)
    n

11. か___た ___ (fácil)
    n   n

12. すし___たべru (comer sushi)
    wo

8 | Une Los Puntos Hiragana ひらがな マッチング

Conecta los puntos entre cada hiragana y el romaji correcto.

は ·	· yu
よ ·	· to
ゆ ·	· n
わ ·	· wo (o)
と ·	· ha
や ·	· wa
を ·	· yo
ん ·	· ya

8 | Clave de Respuestas こたえ あわせ

Práctica de Palabras (clave)

1. わraう
2. だいこん
3. みずを のむ
4. わruい
5. わたし
6. ほんを かう
7. こんや
8. わすreru
9. えいがを みru
10. きんぞく
11. かんたん
12. すしを たべru

Une los Puntos (clave)

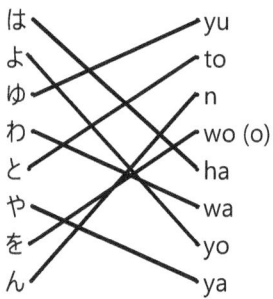

は — ha
よ — yo
ゆ — yu
わ — wa
と — to
や — ya
を — wo (o)
ん — n

8 | Hoja de Práctica de Hiragana れんしゅう

や	や						
ゆ	ゆ						
よ	よ						
わ	わ						
を	を						
ん	ん						

9 | Lección 9: Hiragana らりるれろ

9 | Hiraganas Nuevos あたらしい ひらがな

Asegúrate de aprender el orden correcto de los trazos.

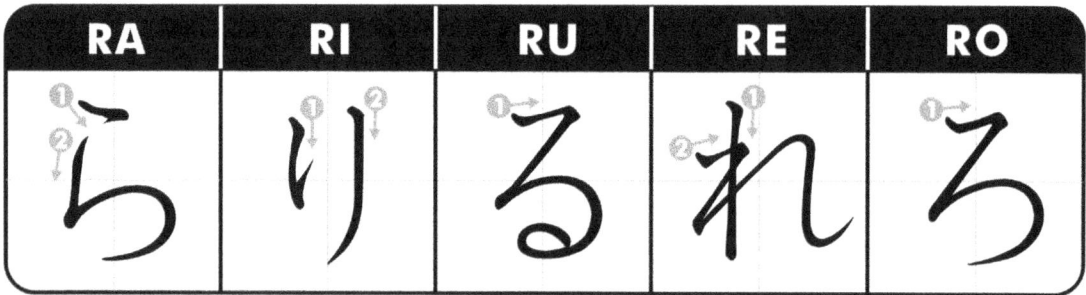

RA	RI	RU	RE	RO
ら	り	る	れ	ろ

9 | Estilos Varios スタイル

Observa los posibles estilos que hay para los hiraganas de esta lección. Escribe cada símbolo lo más ordenado que puedas, después, compáralos con los diferentes estilos a continuación.

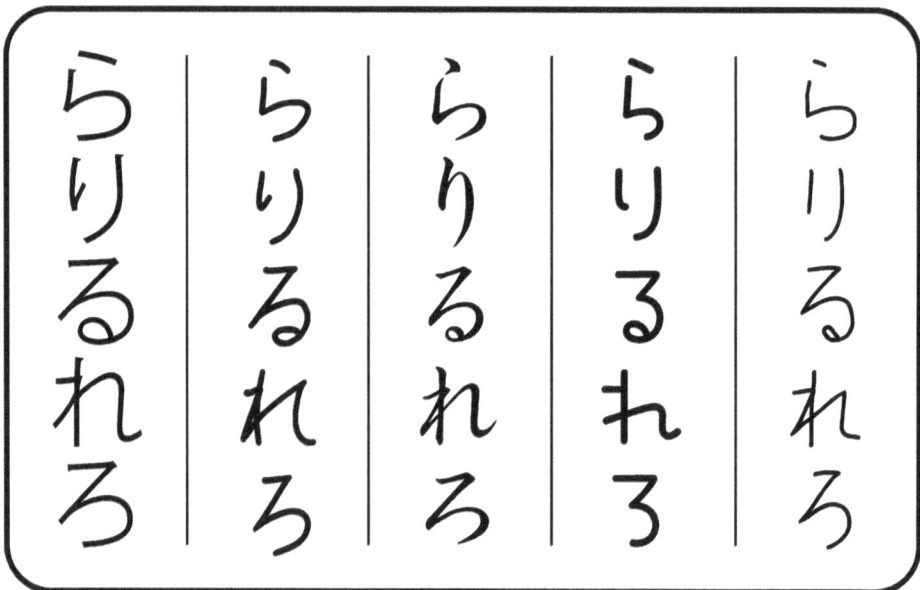

ら	ら	ら	ら	ら
り	り	り	り	り
る	る	る	る	る
れ	れ	れ	れ	れ
ろ	ろ	ろ	ろ	ろ

9 | Puntos de Escritura かく ポイント

● 9-1. Las diferentes versiones de り (ri)

Tal vez notaste en la sección de Estilos Varios de esta lección que hay dos versiones de **ri**. Es tu elección que versión usar. Verás ambas versiones en Japón.

> り
>
> Esta versión tiene dos trazos y es común al escribir.
> Muchos japoneses escriben usando esta versión.
>
> Aquí el primero y segundo trazos están combinados.
> Esta es una elección de estilo y depende de la fuente usada.
>
> り

9 | Práctica de Escritura れんしゅう

Para practicar el orden correcto de los trazos, primero remarca sobre los caracteres en gris, después escribe seis veces cada carácter como ejercicio.

ra	ら	ら						
ri	り	り						
ru	る	る						
re	れ	れ						
ro	ろ	ろ						

9 | Palabras Que Puedes Escribir かける ことば

りか (ciencia)

よる (noche)

れい (ejemplo)

まる (círculo)

こおり (hielo)

あひる (pato)

かえる (rana)

りんご (manzana)

べんり (conveniente)

ひだり (izquierda)

みずいろ (azul cielo)

きいろ (amarillo)

ろうそく (vela)

きる (mono)

9 | Palabras de Uso Diario en Hiragana にちじょうの ことば

ねる
dormir

いくら
hueva de salmon
salada

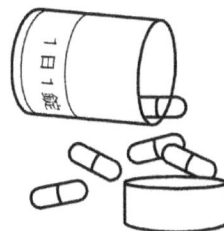

くすり
medicina

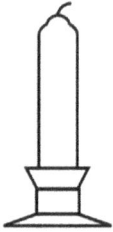

ろうそく
vela

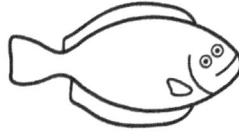

かれい
platija

かみなり
trueno; rayo

9 Más palabras que puedes escribir かける ことば

Debes practicar escribiendo estas palabras cinco veces como mínimo. No solo estarás practicando los nuevos hiraganas, también aprenderás nuevas palabras.

らんぼう	violencia	こんらん	confusión
あらし	tormenta	れんらく	contacto
かみなり	trueno; rayo	どろぼう	ladrón
どんぐり	bellota	ろうじん	persona de la tercera edad
れいぞうこ	refrigerador	らくがき	grafiti
りゆう	una razón	ろうか	pasillo
かいろ	calentadores de manos	わすれもの	objeto olvidado
めじるし	punto de referencia	めずらしい	raro (adj.)

9 Práctica de Palabras ことばの れんしゅう

Escribe el hiragana correcto en las líneas de cada palabra.

1. あた＿＿しい (nuevo)
   ra

2. し＿＿ (saber)
   ru

3. ＿＿んあい (amor; romance)
   re

4. ＿＿んご (manzana)
   ri

5. みせ＿＿ (mostrar)
   ru

6. ＿＿んshuう (práctica)
   re

7. べん＿＿ (conveniente)
   ri

8. う＿おい (humedad)
   ru

9. かく＿＿んぼ (las escondidas)
   re

10. どう＿＿ (camino)
    ro

11. ＿＿うか (pasillo)
    ro

12. まわ＿＿みち (desviación)
    ri

9 | Une Los Puntos Hiragana ひらがな マッチング

Conecta los puntos entre cada hiragana y el romaji correcto.

る・	・ru
し・	・shi
り・	・re
ろ・	・i
ぬ・	・ro
れ・	・ra
い・	・nu
ら・	・ri

9 | Clave de Respuestas こたえ あわせ

Práctica de Palabras (clave)

1. あたらしい
2. しる
3. れんあい
4. りんご
5. みせる
6. れんshuう
7. べんり
8. うるおい
9. かくれんぼ
10. どうろ
11. ろうか
12. まわりみち

Une los Puntos (clave)

```
る ──────────── ru
し ──────────── shi
り           re
ろ           l
ぬ           ro
れ           ra
い           nu
ら           ri
```

9 | Hoja de Práctica de Hiragana れんしゅう

ら	ら						
り	り						
る	る						
れ	れ						
ろ	ろ						
ら	ら						
り	り						
る	る						
れ	れ						
ろ	ろ						

10 Lección 10:
Hiraganas Compuestos

¡Los hiraganas finales son sencillos! Solamente quedan 33 hiraganas oficiales por aprender – pero no dejes que ese número te asuste, todos están formados por hiraganas que ya conoces. Solo con observarlos, deberías tener una idea del sonido que representan.

> **EJEMPLOS**
>
> き (ki)   +   や (ya)   =   きゃ (kya)
>
> し (shi)   +   ゆ (yu)   =   しゅ (shu)
>
> ち (chi)   +   よ (yo)   =   ちょ (cho)

10 Puntos de Escritura かく ポイント

● **10-1. La forma correcta de escribir los hiraganas compuestos.**
Al escribir hiraganas compuestos, asegúrate de que el Segundo caracter sea visiblemente más pequeño que el primer caracter.

ro–maji	correcto	incorrecto
mya	みゃ	みや
ryo	りょ	りよ
chu	ちゅ	ちゆ
kya	きゃ	きや
pya	ぴゃ	ぴや

● 10-2. Hiraganas Compuestos

Los siguientes son los hiraganas compuestos. Se crean usando los hiraganas que ya conoces, así que no debes tener ningún problema aprendiéndolos.

きゃ	きゅ	きょ	ひゃ	ひゅ	ひょ
kya	kyu	kyo	hya	hyu	hyo
ぎゃ	ぎゅ	ぎょ	びゃ	びゅ	びょ
gya	gyu	gyo	bya	byu	byo
しゃ	しゅ	しょ	ぴゃ	ぴゅ	ぴょ
sha	shu	sho	pya	pyu	pyo
じゃ	じゅ	じょ	みゃ	みゅ	みょ
ja	ju	jo	mya	myu	myo
ちゃ	ちゅ	ちょ	りゃ	りゅ	りょ
cha	chu	cho	rya	ryu	ryo
にゃ	にゅ	にょ			
nya	nyu	nyo			

10 Práctica de Escritura れんしゅう

Para practicar el orden correcto de los trazos, primero remarca sobre los caracteres en gris, después escribe seis veces cada carácter como ejercicio.

KYA きゃ

KYU きゅ

KYO きょ

GYA	ぎゃ						
GYU	ぎゅ						
GYO	ぎょ						

GYA	ぎゃ						
GYU	ぎゅ						
GYO	ぎょ						

JA	じゃ						
JU	じゅ						
JO	じょ						

CHA	ちゃ						
CHU	ちゅ						
CHO	ちょ						

NYA にゃ

NYU にゅ

NYO にょ

HYA ひゃ

HYU ひゅ

HYO ひょ

BYA びゃ

BYU びゅ

BYO びょ

PYA ぴゃ

PYU ぴゅ

PYO ぴょ

MYA	みゃ							
MYU	みゅ							
MYO	みょ							

RYA	りゃ							
RYU	りゅ							
RYO	りょ							

10 Palabras Que Puedes Escribir かける ことば

ちょう (mariposa)

きゅう (nueve)

びょうき (enfermedad)

じゅう (diez)

りゅう (dragon)

ぎゃく (reversa)

みょうじ (apellido)

しゅうり (reparación)

きょく (canción)

きょうと (Kioto)

りょこう (viaje)

かいしゃ (compañía)

でんしゃ (tren)

きんぎょう (pez dorado)

ちゃわん (tazón)

10 | Más palabras que puedes escribir かける ことば

おきゃくさん	un cliente o un invitado	しゅじゅつ	cirugía
じょうだん	un chiste, una broma	じゅうたん	alfombra
かいじゅう	un monstruo	はっぴょう	un anuncio

10 | Palabras de Uso Diario en Hiragana にちじょうの ことば

ちきゅうぎ
globo terráqueo

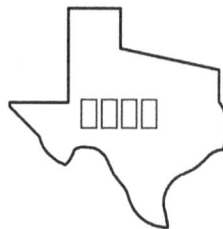

しゅう
estado

おちゃ
té

べんきょう
estudio

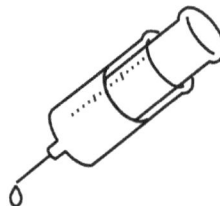

ちゅうしゃ
inyección

しゅうり
reparar

10 | Práctica de Palabras ことばの れんしゅう

Escribe el hiragana correcto en las líneas de cada palabra.

1. とう___く (llegada)
   cha

2. さん ___ く(trescientos)
   bya

3. と ___ かん (librería)
   sho

4. ___う ___う (leche de vaca)
   gyu   nyu

5. さん ___ く (cordillera)
   mya

6. ___ うばい (negocio; comercio)
   sho

7. ___うたん (alfombra)
   ju

8. でん___う (voucher)
   pyo

9. ___ うだい (hermanos)
   kyo

10. ___う___う (dinosaurio)
    kyo   ryu

11. ___うがく (estudiar en el extranjero)
    ryu

12. ___うどん (tazón de res)
    gyu

10 | Une Los Puntos Hiragana ひらがな マッチング

Conecta los puntos entre cada hiragana y el romaji correcto.

ぎゅ ·	· nyu
みょ ·	· shu
しゅ ·	· rya
びょ ·	· ja
りゃ ·	· myo
ちょ ·	· pyo
じゃ ·	· cho
にゅ ·	· gya

10 | Clave de Respuestas こたえ あわせ

Práctica de Palabras (clave)

1. とうちゃく
2. さんびゃく
3. としょかん
4. ぎゅうにゅう
5. さんみゃく
6. しょうばい
7. じゅうたん
8. でんぴょう
9. きょうだい
10. きょうりゅう
11. りゅうがく
12. ぎゅうどん

Une los Puntos (clave)

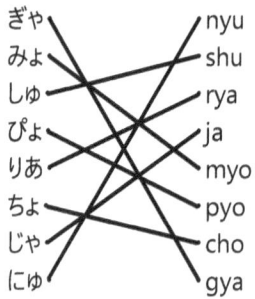

ぎゃ — gya
みょ — myo
しゅ — shu
ぴょ — pyo
りあ — rya
ちょ — cho
じゃ — ja
にゅ — nyu

10 | Hoja de Práctica de Hiragana れんしゅう

きゃ	きゃ							
きゅ	きゅ							
きょ	きょ							
ぎゃ	ぎゃ							
ぎゅ	ぎゅ							
ぎょ	ぎょ							
しゃ	しゃ							
しゅ	しゅ							
しょ	しょ							
じゃ	じゃ							
じゅ	じゅ							
じょ	じょ							

ちゃ	ちゃ								
ちゅ	ちゅ								
ちょ	ちょ								
にゃ	にゃ								
にゅ	にゅ								
にょ	にょ								
ひゃ	ひゃ								
ひゅ	ひゅ								
ひょ	ひょ								
びゃ	びゃ								
びゅ	びゅ								
びょ	びょ								

ぴゃ	ぴゃ								
ぴゅ	ぴゅ								
ぴょ	ぴょ								
みゃ	みゃ								
みゅ	みゅ								
みょ	みょ								
りゃ	りゃ								
りゅ	りゅ								
りょ	りょ								

11 Lección 11:
Hiragana: Siguientes Pasos

11 | Hiragana: Siguientes Pasos

¡Felicidades por haber aprendido hiragana!
Aquí hay unos tipos para reforzar lo que has aprendido:

¡Usemos hiragana en nuestra vida diaria!
Escribe palabras en hiragana en notas adhesivas, y luego pégalas en objetos alrededor de tu casa, puedes incluso escribir しお y こしょう en tu salero y pimentero con un marcador. Esto forzará el uso del hiragana incluso cuando no lo estés pensando.

¡Lee Manga!
Algunos mangas (cómics japoneses) y libros para niños tienen pequeños hiraganas junto a cualquier kanji usado en la narración, cuando el hiragana se usa de este modo se le llama "furigana". Busca mangas que contenga furigana para ayudar a tu estudio. ¡Es como leer japonés con llantas entrenadoras!

¡Sigue aprendiendo!
¡Tu siguiente paso es aprender katakana! Has llegado hasta aquí, así que sigue avanzando.

Estamos seguros de que disfrutarás de aprender katakana en *Katakana ¡Desde Cero!*.

(Esta página fue dejada en blanco a propósito)

★ Tarjetas de Hiragana

Las siguientes páginas pueden ser recortadas para hacer tarjetas. También puedes cambiar de página para ver si reconoces el hiragana.

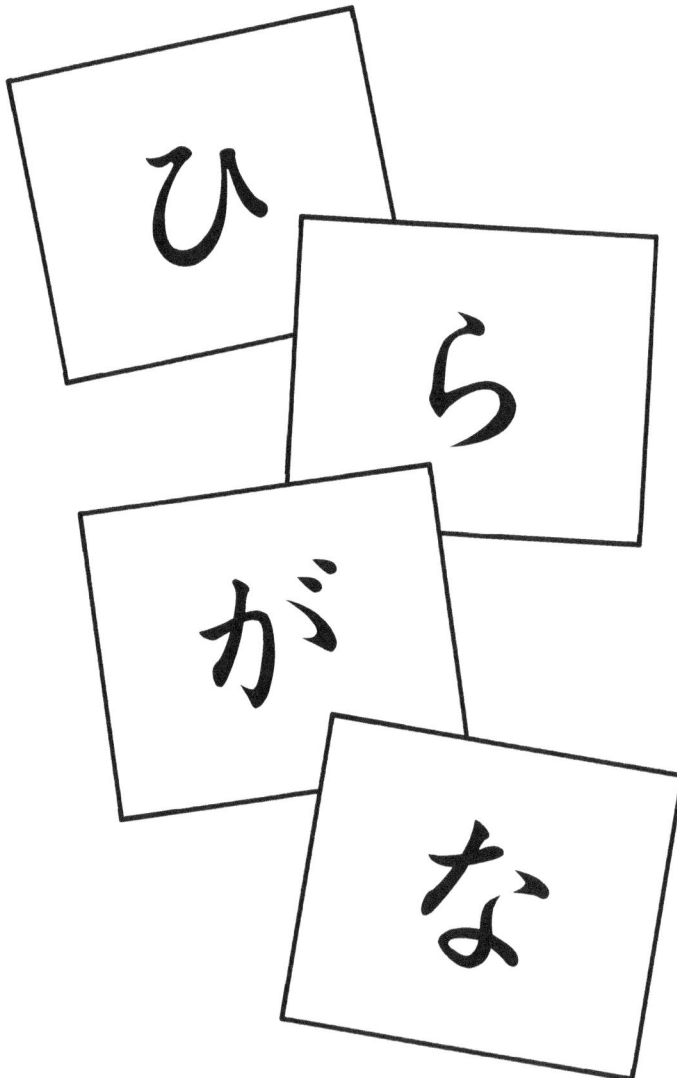

ひ

ら

が

な

あ	か	が
い	き	ぎ
う	く	ぐ
え	け	げ
お	こ	ご

ga	ka	a
gi	ki	i
gu	ku	u
ge	ke	e
go	ko	o

さ	ざ	た
し	じ	ち
す	ず	つ
せ	ぜ	て
そ	ぞ	と

ta	za	sa
chi	ji	shi
tsu	zu	su
te	ze	se
to	zo	so

だ	な	は
ぢ	に	ひ
づ	ぬ	ふ
で	ね	へ
ど	の	ほ

ha	na	da
hi	ni	ji
fu	nu	zu
he	ne	de
ho	no	do

ば	ぱ	ま
び	ぴ	み
ぶ	ぷ	む
べ	ぺ	め
ぼ	ぽ	も

ma	pa	ba
mi	pi	bi
mu	pu	bu
me	pe	be
mo	po	bo

や	る	ん
ゆ	れ	きゃ
よ	ろ	きゅ
ら	わ	きょ
り	を	ぎゃ

n	ru	ya
kya	re	yu
kyu	ro	yo
kyo	wa	ra
gya	wo	ri

ぎゅ	じゃ	ちょ
ぎょ	じゅ	にゃ
しゃ	じょ	にゅ
しゅ	ちゃ	にょ
しょ	ちゅ	ひゃ

cho	ja	gyu
nya	ju	gyo
nyu	jo	sha
nyo	cha	shu
hya	chu	sho

ひゅ	ぴゃ	みょ
ひょ	ぴゅ	りゃ
びゃ	ぴょ	りゅ
びゅ	みゃ	りょ
びょ	みゅ	

myo	pya	hyu
rya	pyu	hyo
ryu	pyo	bya
ryo	mya	byu
	myu	byo

Más Libros ¡Desde Cero!

Próximamente